O SOL

pertencerá a todos nós

Manifesto

NOVA ORDEM DO MUNDO

Mehmet Kılıç

Traduzido do alemão por Isabel e Udo Küssner

Gostaria de agradecer à minha querida amiga Isabel Küssner e ao querido amigo Udo Küssner pelo seu valioso apoio.

O SOL
pertencerá a todos nós

Manifesto
NOVA ORDEM DO MUNDO

Mehmet Kılıç

Traduzido do alemão por Isabel e Udo Küssner

Mehmet Kılıç
O sol pertencerá a todos nós
Manifesto Nova Ordem do Mundo

1.   Auflage 2021

Mehmet Kılıç

E-Mail: lwn.mtp@gmx.de
Internet: www.mehmetkilic.com
Youtube: „O sol pertencerá a todos nós"
Herstellung und Verlag:
BoD – Books on Demand Norderstedt

ISBN : 978-3-7534-9075-5

PREFÁCIO

O modelo social dominante, pautado por uma filosofia de concorrência e competitividade, força a humanidade e a sociedade a ter cada vez mais, a vencer sempre, a ter cada vez mais poder para conseguir prevalecer.

A pressão que este modelo exerce sobre o indivíduo promove constantes lutas entre humanos, por todos os meios, pois todos querem sair vencedores.

No entanto, com esta luta brutal, nós, humanos, estamos a destruir as condições de coexistência no único lar comum a todos os seres vivos e a preparar o fim da vida no nosso planeta.

Com a sua "Nova Ordem Mundial" sob o lema "O sol será de todos nós", Mehmet Kılıç está empenhado em corrigir todos os pensamentos e ações com as suas causas e consequências, que constituem uma ameaça à vida na Terra.

Para assegurar a vida na terra e definir um modelo de vida em sociedade digno, o autor apresenta propostas concretas.

As suas propostas incluem alterações fundamentais em termos de conteúdo e diferenças metodológicas no que respeita às ideias e aos pensamentos de muitos filósofos e cientistas, como John Locke, Montesquieu, İmmanuel Kant, Karl Marx, Albert

Einstein, Hans Küng, Otfried Höffe, Zhao Tinyang, etc., sobre "Paz Mundial" e "Nova Ordem Mundial".

O autor interpreta a vida na Terra segundo a sua filosofia de Unidade e Completude, que tem no seu núcleo princípios universais, como a união e a igualdade, e sobre os quais assenta o seu manifesto da Nova Ordem Mundial.

No seu manifesto, Mehmet Kılıç lança um apelo à humanidade para que ponha fim a todas as formas de ação que colocam a vida na Terra em perigo, permitindo que se estabeleça um modelo de vida em sociedade digno para todos.

Caro leitor

O sol pertencerá a todos nós!

Fico satisfeito com a vossa presença nesta sessão do meu manifesto „Nova Ordem do Mundo".

A vida no nosso planeta é única e singular. Todas as plantas, todos os animais e todos os seres humanos são dignos de ser amados, estimados e merecem ser protegidos. Especialmente digna de proteção é a „Mãe Natureza": ar, agua e terra.

Mas a forma de como a tratamos é muito alarmante.

Já serrámos uma grande parte do ramo verde da árvore onde estamos pousados. Quando cairmos, não vão só cair os sete biliões de seres humanos, mas conosco os nossos gatos e rosas.

Se continuarmos a combater-nos mutuamente por um lado, e a serrar o ramo onde estamos pousados por outro, iremos sentir o nosso último fôlego como um grito nunca sofrido de últimas vítimas do absurdo e da loucura, sem que fiquemos registados na história.

Há anos luto, como „Pai Fundador" e presidente da associação „Friedensverein Hand in Hand e.V. Bad Kreuznach", por um vida humana no mundo. Como resultado das minhas reflexões políticas e filosóficas pelo assunto da paz mundial desde há muitos anos, quero apresentar o projecto „Novo Ordem do Mundo" ao público mundial.

Se se peocupa também pelo ambiente do planeta em que vivemos e se pensa na busca de uma saída, pode interessar-se talvez pelo meu manifesto.

Parte I

O meu problema

O futuro da vida no nosso planeta preocupa-me muito.

Explicação

- A paz e a segurança mundial desaparecem seja para cada um de nós seja para as sociedades humanas.
- As condições da existência de todas as criaturas estão em vias duma destruição.

Causas de origem

- A ordem mundial existente obriga o homem e a sociedade a um desafio: ganhar, ficar mais rico, mais forte e derrotar cada vez mais para dominar os outros.
- Esta cobíça é alimentada de maneira a criar consequências terríveis como guerras intermináveis, exploração, pobreza e seus resultados dolorosos. Isto é uma „**LOUCURA**"!
- O sistema causa simultâneamente a destruiçâo da residência comum de todas as criaturas e por isso as condições necessárias da existência. Assim o sistema prepara o „**Fim Amargo**" da vida nesta terra!

Vejo além de mais:

1. Que o sistema dominante da sociedade actual colide com o senso comum.
2. Que desta forma de pensar, que tranforma a energia humana através do trabalho e do esforço em dinheiro, lucro e poder, não se pode esperar a garantia da felicidade humana.
3. Que da mesma mentalidade não se pode esperarar também que ela impeça o abuso da residência comum da humanidade, que ponha fim à destrução das condições da existêcia da vida e cause uma sustentável garantia da vida no nosso planeta.
4. Que a humanidade seja infeliz! O perigo é medonho! A **LOUCURA** aumenta de dia para dia. O **FIM ARMARGO** aproxima-se com bastante rapidez. Não há tempo a perder!
5. Por esta situação não é sómente responsável nem uma pessoa, nem uma nação ou um estado. A responsibilidade é da Ordem Mundial dominante.
6. Nenhuma pessoa pode fechar os olhos nem perante esta **LOUCURA** nem perante o **FIM ARMARGO** que se aproxima!
7. A única força que pode parar a **LOUCURA** e impedir o **FIM AMARGO** e a própria humanidade.

Conclusão

A Ordem Mundial existente não pode continuar desta maneira. Tornou-se um problema da humanidade que tem de ser essencial e urgentemente resolvido.

Solução surgerida

Para resolver este problema surjo instalar uma Nova Ordem Mundial.

A Nova Ordem Mundial

A Nova Ordem Mundial terá por objectivo assegurar sustentávelmente a felicidade da humanidade.

Parte II

Pergunta 1:
Como será a Nova Ordem Mundial?

A Nova Ordem Mundial tem o seu fundamento em três pilares, que se alimentam, fortificam e se asseguram mútuamente:
Pilar I: A filosofia União - Comunitária
Pilar II: O sistema da educação e do ensino
Pilar III: As normas básicas da vida no mundo

Agora tratamos dos diferentes pilares:

Pilar I
A filosofia União - Comunitária

Para ilustrar a filosofia União - Comunitária quero convidá-los a fazerem mentalmente uma viagem curta! Fechem os olhos e imaginem:

O universo e União – Comunitária

- O universo ilimitado forma, conjuntamente com as suas inúmeras estrelas, grupos de estrelas e galáxias, que por si próprias já constituem unidades e comunidades, uma União Comunitária..
- A própria Via Látea é, na sua União – Comunitária, um elemento essencial do universo.
- O sistema solar é, só por si como elemento inseparável e essencial da Via Látea, uma União - Comunitária.
- A terra, como elemento inseparável do sistema solar, é uma União - Comunitária.
- O mundo das criaturas, como elemento inseparável da terra, é uma União - Comunitária.
- A humanidade, como elemento inseparável do mundo das criaturas, é uma União - Comunitária.

O indivíduo e a União - Comunitária

O indivíduo, a quem chamamos homem, incarna com toda a sua natureza uma União - Comunitária e é um elemento indispensável da humanidade.

- O corpo do homem é composto de órgãos, que contêm inúmeras partes e células.
- Todo o órgão, toda a parte e toda a célula formam por si próprios uma União - Comunitária.
- Todo o órgão tem uma construção diferente, uma forma diferente, uma tarefa e função diferentes dos outros órgãos e pode funcionar independente deles.
- Se um dos órgãos faltasse ou ficasse inoperante, todo um conjunto físico iria ficar imperfeito e a comunidade não existiria.
- Se um dos órgãos for separado da totalidade física, será o fim da sua vida, tal como uma célula morrerá separada dum órgão.
- Um homem só pode funcionar e viver a sua vida como indivíduo, se todos os seus órgãos comprirem as suas tarefas numa interação harmoniosa.

Vou dar-vos uma imagem:

O Pedro está na cozinha. De repente sente um cheiro. Verifica que o cheiro é a queimado. Vira a cabeça para o forno. O que vê? No fogão arde um retalho dum jounal. Em consequência disto o Pedro levanta-se num pulo, corre para o fogão e apaga as chamas.

- O órgão que cheira o queimado é o nariz do Pedro.
- O órgão que vê as chamas não é o estômago do Pedro, são os seus olhos.
- Os órgãos que o levam até ao fogão não são as mãos, mas sim os pés.

Como seria o resultado:
- caso o nariz do Pedro estivesse incapaz de cheirar?
- Caso os olhos do Pedro não pudessem ver o incêndio?
- Caso as mãos fossem incapaz de apagar o incêndio?

Resultado:
O corpo forma com a totalidade dos seus órgãos uma união comunitária e cumpre a sua função enquanto todos os órgãos agem em conjunto harmónico.
O que acha: Podemos transferir este resultado à vida social?

Sociedade e União - Comunitária

A vida social começa quando se encontram pelo menos duas pessoas por causa dum assunto, que neste momento os une. Suponha, que por exemplo uma mulher e um homem jovens se sentem simultâneamente atraídos. Decidem viver uma vida em comum.

- No início da decisão fica claro, quem empenha qual papel, em qual fase da vida.
- Nas outras áreas da vida revela-se quando e quem se ocupa, do que é primordial.

- Onde a mulher tem mais competência, o homem vai assumir a posição dum apoiador.
- Onde o homem tem mais experiência, a mulher vai assumir a segunda posição.

Resultado:
Este casal novo poderia formar a mais pequena União – Comunitária social. Os dois podem construir e levar uma vida em comum num procedimento harmónico.

Uma outra imagem:
Uma família quer construir uma casa. Será possível que esta família seja capaz de construir a casa, dos alicerces até ao telhado, sem ajuda externa?

A construção duma casa precisa da cooperação de muitas pessoas das diversas categorias profissionais, entre outros arquitectos, pedreiros, telhadores etc.
Homens destes grupos mencionados, reúnem e formam uma União - Comunitária. Os membros desta União - Comunitária cooperam entre si e constrõem a casa.

Humanidade e União – Comunitária

- Do indivíduo faz parte um conjunto de órgãos que formam por si uma União - Comunitária.
- Dos órgãos sociais fazem parte indivíduos que formam por sua vez uma União- Comunitária.

- Das sociedades fazem parte órgãos sociais que formam por sua vez uma União - Comunitária.
- Da Humanidade fazem parte sociedades que formam por sua vez uma União – Comunitária completa.

A própria humanidade forma afinal ela mesma uma União – Comunitária tal como o Universo com inúmeras estrelas, constelações e galáxias.

A humanidade constitue ela própria uma União - Comunitária tal como o indivíduo, por exemplo o Pedro, é constituido por órgãos e estes por outro lado por outras partes do corpo e inúmeras células.

A humanidade é uma União - Comunitária tal como um órgão social, como por exemplo a construção civil, que consiste em indivíduos com capacidades e competências diferentes como arquitectos, pedreiros e telhadores etc.

Em resumo:

Resultado para o indivíduo

Todo o indivíduo, toda a pessoa, que compreendeu na sua iintegra a filosofia União - Comunitária, descobre um caminho, que o conduz ao seu íntimo.

Na viagem ao seu íntimo:

1. descobrirá e conhecerá as belezas e riquezas indescritíveis do seu mundo interior,
2. sentirá intensamente e cada vez mais a importância e o valor de si próprio.

Irá começar

- a não continuar a comparar-se com outras pessoas e aceitar-se a si mesmo,
- a respeitar-se e a amar-se cada vez mais a si próprio,
- a irradiar para o exterior a beleza do seu mundo interior e da sua crescente alegria de viver,
- a ver, a respeitar e a tratar todos os humanos, como se todos eles fossem „ele próprio",
- a colocar o seu respeito pela mãe natureza sobre um fundamento verdadeiro, saudável e estável.

Assim todo o indivíduo que interiorizou a filosofia União - Comunitária vai achar o seu verdadeiro Eu, quer dizer a encontrar-se si próprio, e compreender o significado da vida universal.

Resultado para a sociedade

Com a interiorização da filosofia União - Comunitária vai começar um processo de transformação da personalidade do indivíduo! Um processo de transformação, que em breve se sentirá na vida social de toda a humanidade.

Em consequência

- todos os humanos não se vão comparar mútuamente no seu valor, devido a capacidades e competências diversas ou à sua posição na sociedade.
- Não verão ninguém mais valioso ou inútil que eles próprios.
- Não olhrarão para o seu próprio trabalho como mais ou menos valioso, que o trabalho dos outros.
- Os homens reconhecerão, que todos os grupos, comunidades, sociedades e a humanidade representam uma União - Comunitária.

Resultado para a humanidade

- Podemos transmitir o comportamento dum indivíduo, por exemplo do Pedro, para o comportamento dum órgão da sociedade, por exemplo da constrção civil.
- Podemos transmitir o comportamento dum órgão da sociedade, por exemplo da construção civil, a toda a sociedade, por exemplo esta da Alemanha.
- Podemos transmitir o procedimento duma sociedade, por exemplo esta da Alemanha, a toda a sociedade humana, aliás a todo o corpo da humanidade.

Os princípios e valores mais importantes da União – Comunitária

1. Identidade comum
   Estamos associados, como os órgãos dum corpo humano, o pessoal dum hospital, a tripulação dum avião, os empregados duma fábrica...
2. Igualdade
   Somos todos iguais:
   - A igualdade de todos os homens é indiscutível
   - A igualdade da função e do trabalho é indiscutível

Agora eu faco uma síntese de Identidade comum e igualdade e digo:

Todos nós estamos por todos nós!

Se todos os indivíduos, que constituem os órgãos sociais, as sociedades e toda a humanidade, interiorizarem profundamente a filisofia União – Comunitária, então eles constituirão e viverão a sua vida segundo o erpírito desta filosofia: Todos nós estamos por todos nós!

Por esta razão utilizarão por completo
- o inteleto comum,
- a consciência comum e

- a identidade comum em todos os sectores da sua vida pessoal e social para assegurar a vida no nosso planeta, a sua felicidade e a felicidade da humanidade.

Parte III

Pilar II
O sistema de educação e de ensino

É objectivo educar e formar indivíduos de novas gerações, de forma a construirem e a seguirem a sua vida pessoal e social segundo a filosofia União - Comunitária.

Agora vou tentar apresentar-lhes o „desencadeamento da vida do berço à sepultura".

Desenvolvimento das condições básicas

Toda a terra está equipada com condições básicas que bastam às alterações do novo sistema de educação e de ensino e da nova ordem mundial.
Adicionalmente ficam criados em todo o mundo centros de educação e de ensino que têm por objectivo:

- apresentar os estilos e opções naturais da vida,
- utilizar eficazmente os recursos naturais da terra,
- eliminar as fontes dos êxodos e dos transportes em massa...

Formação dos professores

Candidatos para a profissão de professores têm que possuir capacidades adequadas para a exercer e também querer realmente exercê-la.

Durante a formação desenvolver-se-ão as habilitações mais evidentes de todos os candidatos de maneira a fornecer-lhes competências diversas e estáveis.

Os candidatos receberão uma formação padagógica adequada a disciplinas e a grupos por idades.

Conteúdo

1. Transmissão da filosofia União – Comunitária

Todo o bebé, receberá já no berço o leite materno, tal como os mehores princípios da nova filosofia da vida.

Na escola as crianças aprenderão e interiorizarão profundamente a filosofia União - Comunitária.

2. Desenvolvimento dos talentos pessoais

Todas as capacidades naturais de toda a criança serão investigadas, descobertas e despojadas das melhores competências e o mais cedo possível.

A criança será capacitada a aplicar todas as suas faculdades na sua vida pessoal e social.

3. Formação da personalidade

- A criança será acompanhada e atendida com vigilância, cuidado e sensibilidade,
- Conhecer-se-á a si mesma, o seu mundo interior e aprenderá a amar e a apreçiar-se a si mesmo,
- a criança respeitará outras pessoas e aprenderá a apreçiar-las e a protege-las tal como a si mesmo,
- aprenderá a transmitir os seus valores pessoais a nível social.

4. Providências pela vida pessoal e social

- Os adolescentes serão preparados específicamente para a sua vida pessoal, bem como para a vida social segundo a filosofia União – Comunitária.
- Serão educados e qualificados para personalidades saudáveis, com o melhor desenvolvimento das capacidades.
- Não serão qualificados para especialistas das profissões existentes, mas sim para personalidades estáveis com um sentimento elevado de responsabilidade.
- Serão capacitados a viver a sua vida própria com sucesso e com alegria, bem como a participar construtiva, creativa e ativamente na vida social.

Pilar III
As normas básicas da vida mundial

As normas básicas da vida mundial entendem-se como a constituição do estado mundial. Como têm de ser redigídas primeiro por um parlamento constituitivo e votadas por uma assembleia dos representantes da população mundial, não quero, por enquanto, fornecer informações sobre o seu conteúdo.

Parte IV

Pergunta 2:
Como se construirá a Nova Ordem Mundial?

O estado mundial

Para construir a nova ordem mundial a humanidade precisa duma organização forte, estável e segura. Isto vai ser o estado mundial.

Pergunta 3:
Como será o estado mundial?

A) A filosofia da organização do estado mundial

Na organização do estado mundial ensina-se exemplariamente que a humanidade tal como um corpo saudável duma pessoa não vive em desfavor dos próprios órgãos e das próprias células, mas sim a favor de todos nós; quer dizer que se ensina a síntese dos valores e princípios da filosofia União – Comunitária: Todos nós estamos por todos nós!

A democracia e o seu funcionamento

A democracia será reorganizada, aliás aperfeiçoada: Ideias, pensamentos e comportamentos que

- causam a destruição da mãe natureza,
- dificultam e arriscam a vida humana,
- possam violar a dignidade humana,

não encontrarão lugar no novo conceito de democracia.

Todos os pensamentos, ideias, comportamentos e atividades,

- que estão conformes com a mãe naturaza, com a existência de todas as criaturas, especialmente com a saúde e a dignidade do homem,
- que foram aceites pelo senso e pela conciência comuns e confirmados pelo sentimento de responsibilidade comum,

farão parte das liberdades democráticas naturais ilimitades.

Partilha da resposabilidade

O princípio partilha de poderes perderá o seu lugar perante o princípio partilha de resposabilidade.

Causas:

1. Na base do sentimento de responsibilidade estável de cada indivíduo, a influência, a crítica ou o controlo eventual de exterior, serão supérfluos.
2.

    2. Cada um cumprirá a sua tarefa no serviço comunitário com responsabilidade, tal como a cumpriria na sua vida pessoal e social.

As eleições

Todas as áreas da vida nos círculos eleitorais serão reavaliadas e defenidas de novo.

As „áreas da vida" significam sectores, em que as pessoas principalmente ganham a sua vida, como por exemplo: agricultura, trabalho de fábrica, ensino etc.

Elegibilidade e tansparência

Toda a gente cumpre a condição de eligibilidade, contando que possa comprovar a sua capacidade de representar uma área de vida no parlamento.

Os candidatos serão eleitos pelos eleitores, diretamente para uma comissão, que representará a respectiva „área da vida" no parlamento.

Desta forma torna-se mais claro, qual pessoa elegeu quem, com que propósito e qual pessoa foi elegida por quem e para qual tarefa.

A renovabilidade flexível

O princípio da „renovabilidade flexível" dos eleitos e a troca por iniciativa própria em qualquer momento garante, que a eficiência e a capacidade do estado mundial se mantenha a uml óptimo nível.

Partidos políticos

Os partidos políticos perdem a sua razão de existência por duas razões:

1. No que se refere à realização da vida social, tornar-se-á natural utilizar a inteligência, a conciência e o senso comuns.
2. Os candidatos não serão eleitos pela sua filiação num partido, mas simplemente pelas suas qualificações.

B) A estrutura do Estado Mundial

A organização civil
„O povo para o povo"

A organização do serviço „O povo para o povo" nascerá-se do povo, com o povo e para o povo e servirá gratuitamente todos os humanos.

Nos centros de informação do povo, os cidadãos receberão respostas rápidas, fiáveis e compreensíveis pelas suas simples questões como „o que" e „onde".

Nos centros de informação do povo os cidadãos receberão para os seus projectos informações detalhadas e fiáveis de peritos, como por exemplo „Como posso construir uma casa?" .

Nos centros de assistência do povo os especialistas acompanharão os cidadãos para a solução dos seus problemas. Quem quer, por exemplo, construir uma casa, será acompanhado no planeamento, calculação, custos e até mesmo na jardinagem.

Nestes centros de servíço, ofercerão os seus serviços, não só peritos, como também filósofos, guias e mediadores.

Os filósofos acompanharão o pessoal em todos os centros de serviços e de administração para que se cumpram os serviços conforme a filosofia União - Comunitária.

Nos centros de aconselhamento e de assistência os guias prestarão atenção à conformidade dos serviços com as normas legislativas.

Os mediadores exercerão sómente a sua actividade nos centros de assistência, com a finalidade de conseguirem um acordo comum, em assuntos discutidos por pessoas de opiniões diferentes.

A Organização pública

A estruturas da organizão do estado mundial serão as seguintes:

1. Unidades administrativas locais (como as atuais câmeras municipais e as juntas de freguesia)

2. Undidades administrativas regionais (como os estados federais na Alemanha ou países de governos centralistas como a França)

3. Unidades administrativas continentais
4. Parlamento mundial dos representantes eleitos do povo

As unidades administrativas tratarão dos assuntos inerentes às suas tarefas e competências.

Parte V

Pergunta 4:
Como procederá o estado mundial?

A) Medidas Imediatas

Num primeiro passo o estado mundial vai efectuar medidas imediatas.

Medida imediata 1:

Parar com a LOUCURA!
Impedir o FIM AMARGO!

Isto implica
- Parar com a destruição da natureza
- Dissolver instituições militares, destruir todas as armas, finalizar todas as guerras
- Saciar pessoas famintas
- Dar uma casa aos sem-abrigo
- Parar com o tráfico de pessoas e com a escravatura sexual
- ...

Medida imediata 2:

Alargar as infra-estruturas

Todas as infra-estruturas de todas as áreas da vida em todo o mundo serão renovados segundo os valores e princípios da filosofia União - Comunitária.

Medida imediata 3:

Garantia da vida no nosso planeta

Para garantir a vida no nosso planeta, o estado do mundo vai assegurar em conjunto com os seus cidadãos:
 1. O final defenitivo da destruição da mãe natureza,
 2. a iliminação das causas da pobreza e as suas consequências, acompanhadas de um nível de vida mínima.

B) Construção da Nova Ordem Mundial

Num segundo passo o estado mundial começará a construir a nova ordem mundial em conjunto com os seus cidadãos.

Todas as áreas de vida em todo o mundo serão traçadas de novo e renovadas à luz de três projetores:

- a filosofia União - Comunitária
- sistema de educação e de ensino e

- as normas básicas da vida no mundo

O período de transição entre os sistemas antigos e novos serão caracterizado por:

1. consideração, empatia e intuição por um lado, com respeito pela diversidade e pelos valores existentes,
2. poder de decisão e determinação perante a construção da nova ordem mundial, por outro lado.

Renovação de outras áreas de vida

Alguns exemplos:

Renovação do sistema jurídico

O sistema jurídico será renovado pelos seguintes motivos:
1. A incompatibilidade das leis nacionais com o entendimento universal e a inpracticabilidade
destas revelou-se como uma realidade.
2. Ninguém, nem cada um de nós, nem a sociedade nem o estado serão priviligiados.
3. O sistema novo não produzirá nem culpa nem criminosos.
4. As causas de injustiça desvanecer-se-ão automáticamente.
5. A probabilidade de ser tratado injustamente e a necessidade de se defender, desvanecer-se-ão automáticamente.
6. A nova visão do mundo entenderá o direito universal como uma conquista da humanidade, para a eternidade.

Princípios em vez de leis

A vida comum no mundo novo regular-se- á por princípios, não por leis!

Os parlamentos não aprovarão leis nem códicos penais para eventualmente poder punir o desrespeito pelas mesmas.

Irão criar normas básicas que nascem das necessidades humanas naturais e serão cumpridas pelos indivíduos, pela sociedade e pelo estado.

As normas básicas com funções principais serão
- minimizadas numéricamente, o mais possível
- expressas em cláusulas primordiais fáceis e com o sujeito „Eu"
- expostas para aprender seja na língua mundial, seja na língua materna.

Se se trata do respeito pelas normas duma atividade planeada, como por exemplo a construção duma casa, poder-se-à acorrer a estas normas através da instituição „O povo para o povo".

Casos de hesitação

Nos casos de hesitação intervirão os guias e os mediadores que trabalham nos centros de assistência do povo.

Abolição das forças armadas

As razões da existência das forças armadas desaparecerão automáticamente, porque a necessaridade de ocorrer às suas tarefas já não existirá; por exemplo:

- a conquista das terras, das fontes e dos valores que pertencem a outros,
- a defesa dum país, dum povo contra as agressões de outros etc.

A abolição da polícia

Já nunca mais existirá a necessidade de existência da polícia porque devido à abolição da justíça e à constituição da instituição „O povo para o povo" as anteriores tarefas da polícia como apoio, proteção e controlo tornar-se-ão supérfluas

Abolição dos serviços secretos

Como as razões, que conduzem os indivíduos e as sociedades à loucura já mais existirão, a recolha de informações secretas sobre outras pessoas, revelar-se-á inútil.
Em consequência disto as organizações dos serviços secretos também serão dissolvidas.

Abolição das fronteiras naticionais

Na base do conhecimento de que

- a divisão artificial da mãe natureza é inútil e
- todas as criaturas pertencem à terra e não o contrário,

as fronteiras entre os países serão abolidas.

Parte VI

Pergunta 5:
Como se criará o estado mundial?

- As pessoas criarão por todo o lado grupos de acção, logo que reconheçam, que o sistema social dominante já não pode continuar e que é preciso atuar urgentemente.
  Nestes grupos de acção as pessoas intriorizarão profundamente a filosofia União - Comunitária.
- Apropriar-se-ão de meu manifesto „Nova Ordem do Mundo", informar-se-ão mutualmente e discuti-la-ão.
- Os grupos de acção organizar-se-ão mundialmente e ligar-se-ão a outros.
- Começará em todo o mundo uma campanha de informação que informará as pessoas sobre
  - ➢ a loucura insuportável e as dimensões dos perigos e
  - ➢ o manifesto „Nova Ordem Mundial".
- Logo que a campanha de infomação atinja o seu objectivo, os grupos de acção convidarão a comunidade mundial a formar um parlamento constituicional dum estado mundial.

Parlamento Constituicional

- Na base do apelo dos grupos de acção nos estados nacionais, realizar-se-ão eleições dos representantes para o Parlamento constituicional.

- O Parlamento constituicional

- começará a trabalhar num local do mundo adequado,
- elaborará as regras básicas da vida a nível mundial,
- realizará uma campanha global de informação, que tem como ponto principal as normas básicas da vida no mundo e
- realizará seguidamente um inquérito público sobre este assunto.

- O Parlamento constituicional convidará os estados do mundo a criarem o Parlamento mundial dos representantes do povo eleitos, logo que verifique, que a campanha de informação, bem como o inquérito público, alcaçaram os seus objectivos.

Parlamento mundial
dos representantes do povo

- A convite do parlamento constituicional as pessoas elegem nos seus países os seus representantes para o parlamento mundial dos representantes do povo.

- O parlamento mundial dos representantes do povo eleitos
  - começa a trabalhar,
  - aprova as normas básicas da vida mundial e
  - elege o presidente do estado mundial.

- Logo em seguido a população global celebra a proclamação do estado mundial.

Caro leitor,

Apresentei-lhes breviamente as minhas preocupações pela vida única e singular no nosso planeta e a minha proposta para a solução deste problema da humanidade.

Espero que se tenha tornado transparente a urgência de agir e a viabilidade do meu manifesto e que o meu desejo mais íntimo se cumpra.

A situação é grave!
Não temos tempo a perder!
Estamos numa encruzilhada.
É a hora para tomar uma decisão histórica!

Comecemos já!

Associemo-nos!

Ponhamos termo à loucura, ponhamos termo ao grande perigo para impedir o fim amargo!

Acima de tudo são chamados todos aqueles, que gostam de si mesmo, que amam a rosa, os cravos, a tulipa; que amam os gatos, os cães e os pombos!

Acima de tudo são chamados todos aqueles, que respeitam e apreciam a mãe natureza, o ser humano e a humanidade!

*Eu mesmo considero ser meu dever, usar toda a minha
capacidade e a minha força neste caminho urgente!*

Desejo a todos nós, o maior êxito!

Agradeço-lhes do fundo do meu coração!

O sol pertencerá a todos nós!
Adeus!